23974279R00062

Made in the USA
Middletown, DE
15 December 2018